현지어와 함께 떠나는 어린이여행인문학 ㉔ 싱가포르

싱가포르에서 태양을 보다

이소정 **지음** | 염지애 **그림** | 김유나 **영어 옮김**
초판 인쇄일 2020년 4월 22일 | **초판 발행일** 2020년 5월 6일
펴낸이 조기룡 | **펴낸곳** 내인생의책 | **등록번호** 제10호-2315호
주소 서울특별시 성동구 연무장5가길 7 현대테라스타워 E동 1403호
전화 02)335-0449, 335-0445(편집) | **팩스** 02)6499-1165
전자 우편 bookinmylife@naver.com | **홈페이지** http://bookinmylife.com

ISBN 979-11-5723-612-1(77800)
　　　979-11-5723-396-0(세트)

* 책값은 뒤표지에 있습니다.
* 잘못된 책은 구입처에서 바꾸어 드립니다.

이 도서의 국립중앙도서관 출판예정도서목록(CIP)은 서지정보유통지원시스템 홈페이지(http://seoji.nl.go.kr)와
국가자료종합목록 구축시스템(http://kolis-net.nl.go.kr)에서 이용하실 수 있습니다. (CIP제어번호 : CIP2020012811)

내인생의책에서는 참신한 발상, 따뜻한 시선을 가진 원고를 기다리고 있습니다.
원고는 나무의 목숨값에 해당하는 가치를 지녔으면 합니다.
원고는 내인생의책 전자 우편이나 홈페이지를 이용해 보내 주세요.

어린이제품 안전 특별법에 의한 제품 표시
제조자명 내인생의책 | **제조 연월** 2020년 4월 | **제조국** 대한민국 | **사용연령** 5세 이상
주소 및 연락처 서울특별시 성동구 연무장5가길 7 현대테라스타워 E동 1403호 02)335-0449

I See the Sun in Singapore

싱가포르에서 태양을 보다

이소정 지음 | 염지애 그림 | 김유나 영어 옮김

이소정 지음

경기도 일산에서 태어나 중국, 싱가포르, 홍콩, 미국에 거주하며 세상을 경험했어요. 현재 미디어 관련 기사를 쓰고 여행 책을 만들면서 매일 더 넓은 세상을 꿈꾸고 있답니다. 지은 책으로는 《그래서 나는 북촌과 연애하기로 했다》와 《야간비행: 홍콩을 날다》가 있습니다.

염지애 그림

사소하고 일상적인 것이 가장 특별한 것이라는 생각에 영감을 받는 일러스트레이터입니다. 여러 기업과 협동화여 활발한 창작 활동을 펼치고 있습니다. 《아바나에서 태양을보다》와 《아마존강에서 태양을보다》에서 그림을 그렸습니다. 같은 태양 아래 같은 나날을 보내는 다양한 문화 속 어린이 친구를 만날 수 있어 참 뜻깊었다고 합니다.

김유나 영어 옮김

서울대학교 대학원에서 영문학을 전공했습니다. 영어와 영어로 된 글을 사랑하는 프리랜서입니다. 우연한 기회로 어린이에게 영어를 가르치기 시작했고, 어린이와 함께 영어 동화책을 읽고 있습니다. 세상을 바라보는 눈이 순수하고 맑은 어린이와 함께할 수 있음에 감사해 하고 있습니다.

Written by Sojung Lee

Born in Ilsan, Gyeonggi-do, she has many experiences living in China, Singapore, Hong Kong and the United States. She is writing media articles and travel books, dreaming of a wider world everyday. Her books are 《So I Decided to fall in love with Bukchon》 and 《Night Flight: Fly over Hong Kong》.

Illustrated by Jiae Yeom

She is an illustrator who is inspired by the idea that trivial and everyday things are the most special. She is actively involved in creative activities, in cooperation with various companies. 《Mirando el sol en La Habana》 and 《Contemplando o sol no rio Amazonas》 are her books. It was very meaningful for her to meet different children from different cultures, living the same daily lives under the same sun.

Translated by Yuna Kim

She is a freelancer who loves English and all writings in English, getting her MA in English literature at Seoul National University. Having a chance to teach English to children, she is reading English tales for children with them. She thinks it is grateful to have opportunity to be with the children whose eyes of the world are pure and innocent.

감사의 말

열대 과일의 향기, 높이 솟은 마천루와 다양한 인종이 섞인 싱가포르는 마음의 고향입니다.
아름다운 도시 국가이자 많은 물음을 자아내는 싱가포르에 관해 쓸 수 있어 행운이었습니다.

*싱가포르는 영어, 중국어, 말레이어, 타밀어를 공용어로 사용합니다.
이 책에서는 가장 많이 사용되는 공용어인 영어를 번역어로 채택하였습니다.

Acknowledgment

Singapore, with scents of tropical fruit, towering skyscrapers,
and diverse race, is the home of my heart.
I was lucky to write about Singapore,
a beautiful city-state arousing a lot of questions.

Singapore speaks English, Chinese, Malay and Tamil as official languages.
This book is translated in English which is the most used official language.

내인생의책

세상은 왜 네모일까요?

네모난 블록처럼 생긴 건물들이 반듯한 도시 속에 솟아 있어요.
먼지 하나 없는 길거리엔 36도의 햇살이 떨어져요.
"소피, 학교 가야지."
엄마가 책이 잔뜩 든 백팩을 내밀어요.
엘리베이터를 타고 42층을 내려가는 동안 귀가 먹먹해져요.
네모난 버스에서 사람들이 내려요.
인도, 중국, 서양 사람들이 우르르 섞이며 거리로 나가요.
사람들은 싱가포르인을 로작이라고 불러요.
로작은 다양한 재료를 이것저것 섞어 만든 알록달록한 샐러드이기도 해요.

Why is the world square?

Buildings looking like square blocks are standing straight in the square city.
The sunshine of 36℃ falls on a dust-free street.
"Sophie, it is time to go to school."
Mom hands me a backpack full of books.
I feel my ear plugged when going all forty-two floors down by the elevator.
People get off from the square buses.
The Indian, Chinese, and people from Western world pour out from it.
People call Singaporeans Rojak.
It's a colorful salad made of various ingredients.

나는 페라나칸이에요.

학교에서 집으로 돌아오는 길에 피터 위 삼촌을 만났어요.
"소피, 더운데 땀 좀 식혔다 가렴."
삼촌은 우리 **페라나칸** 문화가 그대로 녹아 있는
페라나칸 카통 하우스에서 살아요.
삼촌 집에 가면 페라나칸 공예품을 많이 구경할 수 있어요.
우리 반에는 페라나칸 아이들이 가장 많지만
말레이시아인, 인도네시아인, 한국인, 인도인, 프랑스인도 있답니다.

I'm Peranakan.

I came across uncle Peter Wee on my way home from school.
"Sophie, it is so hot. Come and get cooled off here for a moment."
My uncle lives in Peranakan Katong House,
which shows our Peranakan culture well.
In my class, most classmates are Peranakan children,
but there are also Malaysian, Indonesian, Korean, Indian,
and French kids.

우리 집에는 주방이 없어요.

싱가포르는 집에서 음식을 만들기에 너무 덥고,
작은 아파트는 공간이 비좁아 주방이 없는 경우가 많아요.
"아주머니, 치킨라이스 하나랑 파파야 주스 주세요."
호커 센터에는 작은 식당들이 모여 있는데, 언제나 사람으로 붐벼요.
예전에는 가게가 길거리에 늘어섰는데,
깨끗한 거리를 만들기 위해 한데 모았어요.

There is no kitchen in my house.

Singapore is too hot to make food at home.
Small apartments are narrow and often do not have a kitchen.
"I would like to have a chicken rice and papaya juice, please."
There are many small restaurants in the Hawker Center,
which is always crowded with people.
They used to be street stalls.
Now, they are all gathered together
to make a clean street.

껌은 무슨 맛일까요?

나는 태어나서 한 번도 껌을 씹어본 적이 없어요.
싱가포르에선 껌을 팔지 않거든요.
"만화에서 본 풍선껌 맛이 궁금해요, 할머니."
할머니에게 엄마, 아빠 몰래 말해 본 적도 있어요.
싱가포르에는 매년 많은 외국인이 오기 때문에
깨끗한 나라를 만들어야 한대요.
무단 횡단을 하거나 길에서 크게 떠드는 행동은 금물이에요.
작은 잘못을 하더라도 큰 벌을 받아요.

What do gums taste like?

I have never chewed a gum before.
They don't sell gums in Singapore.
"I'm curious about the taste of bubble gum I've seen in cartoons. Grandma."
I told this in secret without my mom and dad knowing.
They say we should make a clean country as many foreigners
come to visit Singapore every year,
Jaywalking and screaming loudly in the streets are also forbidden.
We are punished for even the smallest mistakes,
so we follow the rules strictly.

나는 영어, 말레이어, 중국어를 할 줄 알아요.

밥을 먹고 마린 퍼레이드 시장을 지나는데
흥정하는 소리로 떠들썩해요.
"땡스, 라~" "안티, 야~"
여기저기서 싱글리시(*싱가포르 영어) 억양이 들려와요.
하지만 우리 할머니는 중국 푸젠성 방언인
호키엔어만 할 줄 아시죠.

I speak English, Malay and Chinese.

After eating, we pass the marine parade market.
It's buzzing with bargaining sounds.
"Thanks, la ~" "Anti, ya~"
There are Singlish (*Singaporean English) accents here and there.
But my grandmother can only speak Hokien,
a Chinese dialect spoken in Fujian Province.

"야호, 내셔널 데이다!"

붉은 티셔츠를 입은 사람들로 거리가 북적거려요.
우리 가족은 퍼레이드를 구경하려고 일찌감치 아빠가 다니시는 회사로 갔어요.
31층 건물에서 퍼레이드를 내려다봐요. 공군이 하늘을 날고, 군악대가 음악을 연주해요.
요란한 소리와 함께 폭죽이 터지자 오색찬란한 불꽃이 하늘을 수놓아요.
"소피, 할머니는 참 기쁘구나."
할머니가 갑자기 눈물을 보이세요. 무슨 생각에 잠기신 걸까요?

"Hooray, it's the National Day!"

The streets are crowded with people in red T-shirts.
My family went to my dad's company early to see the parade.
We look down over the parade from a 31st floor in the building.
The air force flies in the sky, and the military band plays music.
Firecrackers burst with loud noises.
Colorful fireworks light up the sky.
"Sophie, I'm very happy."
Her eyes are suddenly filled with tears.
What is she thinking about?

완벽한 야경의 도시로 오세요.

우리는 밤이 되자 야경을 구경하러 마리나베이에 왔어요.
"정말 예쁘지? 아빠 회사는 관광객을 위해 12시까지 불을 켜 놓는단다."
마리나베이를 찾은 많은 관광객이 카메라를 들고 사진을 찍어요.
멋진 배 모양의 호텔, 인공 정원, **머라이언 동상**, **싱가포르 플라이어**, 유람선이 보여요.
마치 레고에서 가장 예쁜 블록을 찾아서 한데 모아 놓은 것만 같아요.

Come to the city of perfect nightscape.

We came to Marina Bay at night to see the night view.
"Isn't it really pretty? Dad's company keeps the lights on until 12PM for tourists."
Many tourists to Marina Bay are taking photos with their cameras.
I can see stunning boat-shaped hotels, artificial gardens, Merlion statues, Singapore Flyer, and cruise ships.
It's like finding the prettiest blocks in Lego and putting them together.

"소피, 같이 여행 가지 않을래?"

엄마는 시장에 갈 때마다 '여행 가자'고 말해요.
우리는 관광객이 많은 거대한 쇼핑몰엔 가지 않아요.
차이나타운과 **리틀 인디아**에 가서 저렴한 물건을 사죠.
차이나타운은 온통 붉은빛으로 넘실대요.
폭죽을 파는 가게 옆에는 맛있게 구워진 홍콩 거위 고기도 팔아요.
리틀 인디아 시장으로 가면 이마에 빨간 점을 찍은 인도 사람이 많아요.
손에 헤나 그림을 그린 아주머니가 꽃목걸이를 만드시며 노래를 불러요.

"Sophie, why don't you travel with me?"

Every time my mom goes to the market, she says 'Let's go travel.'
We don't go to the huge malls crowded with lots of tourists.
We go to Chinatown and Little India to buy low-priced stuff.
The red colors are flapping in Chinatown.
Next to the firecracker's shop, they sell delicious grilled Hong Kong goose meat.
If you go to Little India, there are a lot of Indians with red dots on their foreheads.
A woman with a henna on her hand makes a flower necklace, singing.

두리안을 먹어본 적 있나요?

집에 들어오니 쿰쿰한 냄새가 나요.
우리 언니가 두리안을 먹고 있어요.
싱가포르인이라면 반드시 두리안을 먹을 줄 알아야 한대요.
그렇지만 고약한 냄새 때문에 호텔, 지하철, 버스에는 가져갈 수 없어요.
싱가포르인은 두리안을 너무 사랑해서,
두리안 모양을 본떠 에스플러네이드도 지었답니다.
하지만 나는 그 건물이 꼭 파리 눈처럼 보여서 지나갈 때마다 큭큭 웃어요.

Have you ever tried durian?

Entering home, I smell something fusty.
My sister is eating a durian.
Singaporeans must be able to eat durians.
But because of its stinking smell, you can't take it to hotels, subways, or buses.
Singaporeans love durians so much
that they have built Esplanade, which resembles a durian.
But I think that building looks just like a fly's eye.
It makes me chuckle every time I pass by.

우산 없이 소낙비를 만났어요.

갑자기 천둥이 치더니 굵은 빗줄기가 우두둑 떨어져요.
몬순 기간이 찾아왔어요.
하지만 금세 해가 쨍하고 나오네요.
나는 우산을 들고 다닌 적이 별로 없어요.
우기에는 비가 내리고 그치기를 반복하는데,
어디에나 들어가 비를 피할 수 있거든요.
바짝 말라 버린 길, 윙윙대는 매미 소리가 다시 무더운 골목을 만들어요.

I came across a shower without an umbrella.

Suddenly there grumbles a thunderstorm, and thick raindrops came off.
The monsoon has started.
But not long after that, the shining sun comes out.
I have hardly carried an umbrella.
It keeps raining and stopping during the monsoon season.
You can go anywhere to avoid the rain.
The road is dried up and cicadas are buzzing.
It becomes a hot alley again.

종교와 인종을 존중하는 일은 쉬워요.

"소피! 교회 가니?"
길에서 인도 친구 아신을 만났어요.
나는 힌두교식으로 두 손을 가지런히 모으고 인사해요.
아신은 나에게 '갓 블레스 유'라고 대답을 해요.
"다음 주 **레이셜 하모니 데이**에 무슨 옷을 입을 거야?"
"나는 인도 전통 옷을 입고 뾰족 신발을 신을 거야. 너는?"
"나는 이번에 치파오를 입고 말레이시아 모자를 쓸까 하는데, 웃기겠지?"
"뭐야, 둘 다 입겠다고? 하하하."
아신의 우스꽝스러운 모습이 상상되어 한바탕 웃음이 터졌어요.

It is easy to respect various religions and ethics.

"Sophie! Are you going to church?"
I met my Indian friend Asin on the street.
Putting my hands together, I greet in Hindu style.
Asin answers me 'God bless you.'
"What are you going to wear on Racial Harmony Day the next week?"
"I'm going to wear traditional Indian clothes and pointed shoes.
What about you?"
"I think I'm wearing a qipao and a Malaysian hat this time.
Would it be ridiculous?"
"What, you are going to wear both of them at the same time? Hahaha."
Imagining the ridiculous look of Asin, I burst into a fit of laughter.

그렇게 일찌감치 꿈을 정해야 하나요?

요즘 우리 언니는 밤마다 공부를 열심히 해요.
언니는 아직 중학생이지만, 빨리 진로를 결정해야 하거든요.
시험 성적이 좋지 않으면 직업 학교에 가야 해요. 대학에 가면 금융, 교육, 의료직에 진출해요.
직업 학교를 다니면 미용, 호텔, 요리, 서비스직에서 일할 수 있어요.
"엄마, 나는 스튜어디스가 되고 싶어요."
"그럼 내일 창이 공항에 가 볼까?"
너무 신나서 잠이 오지 않을 것 같아요.

Do you have to decide your dreams this early?

My sister studies very hard every night.
She is a junior high school student yet, but she has to decide on a career as soon as possible. If you get bad scores on your test, you have to go to a vocational school.
If you go to a college, you can have a job in finance, education, and medicine.
Graduating from a vocational school,
you can work in beauty, hotel, cooking and service jobs.
"Mom, I want to be a flight attendant."
"How about going to Changi Airport tomorrow?"
I'm so excited that I can't sleep.

이토록 환상적인 공항이라니!

화려하게 쏟아지는 인공 폭포와 천 마리가 넘는 나비가 춤추는 나비 정원,
교통경찰 로봇이 돌아다니는 이곳은 창이 공항이에요.
매년 세계 최고 공항으로 손꼽혀요.
외국인이 창이 공항에 도착하면, 신기한 네버랜드 같다고 이야기해요.
반짝이는 공항에서는 더위를 느낄 수 없죠.
"나는 꼭 멋진 옷을 입고, 비행기를 타는 스튜어디스가 될 거예요!"

What a fantastic airport!

Spectacular artificial waterfalls, butterfly gardens with more than a thousand
butterflies dancing, and traffic police robots going around: this is Changi Airport.
It is ranked one of the best airports in the world every year.
When a foreigner arrives at Changi Airport, he says it's like a wondrous Neverland.
You can't feel the heat at the shiny airport.
"I will be a flight attendant flying on the plane in nice uniforms!"

올해도 휴일이 참 많네요.

싱가포르는 중국, 말레이시아, 인도의 명절을 모두 쇠어서 쉬는 날이 많아요.
하지만 신나게 놀 수 없어요.
쉬는 날에도 **튜터** 선생님이 집으로 오셔서 공부를 해야 하거든요.
"나는 크리스마스가 제일 좋아요!
그날은 튜터 선생님도 오지 않고, 늦잠도 잘 수 있거든요."

There are many holidays this year.

We have many days off because Singapore observes all the holidays
of China, Malaysia, and India.
But I can't play and have fun in the holidays.
Because my tutor comes home, I should study.
"I like Christmas the best!
No tutor comes and I can sleep late."

쓰레기봉투를 챙겼나요?

주말에 가족과 센토사섬에 가요. 교통 카드를 찍고, 지하철을 타면 금방 도착해요.
"각자 봉투와 집게를 챙겼겠지?"
우리는 해변에 버려진 쓰레기를 깨끗이 치워요.
아빠 **머라이언**이라고 불리는 사자상 근처에서 발리볼을 하는 서양인들이 보여요.
"공이 잘못 갔네요! 좀 던져 주시겠어요?"
나는 공을 있는 힘껏 던졌어요.
빨강, 주황, 초록 세 가지 색을 입힌 공이 햇빛을 받아 반짝이며 날아가요.

Did you take a garbage bag?

I go to Sentosa Island with my family on weekends.
Touch a traffic card, get on the subway, and then we get there soon.
"Did you take your own garbage bags and tongs?"
We clean up the trash on the beach.
Near the lion statue called Dad Merlion, I see Westerners playing volleyball.
"The ball went to the wrong direction! Would you please throw it?"
I threw the ball as best I could.
The ball colored with red, orange and green is flying away
with the sunlight shining on it.

싱가포르의 꿈은 이루어질까요?

요즘은 길거리보다 다리나 지하도를 더 자주 걸어 다녀요.
"이렇게 다니니 덥지도 않고, 차에 타지 않아도 돼서 좋지 않니?"
아빠는 '지역 전체가 이어지는 통합'이 싱가포르의 꿈이래요.
마치 거대한 레고 세상이 하나의 다리로 쭉 이어진 모습이 떠올라요.
우리 나라는 땅도 작고 산도 없지만, 기술을 이용해 꿈을 실현해요.
뉴스에서는 매일 선행을 한 사람들의 이야기가 흘러나와요.
싱가포르에 살면서 나쁜 일은 본 적이 없어요.
반듯하게 세워진 도시 숲, 여러 색깔의 눈동자가 반짝이는 이곳은, 싱가포르입니다.

Will Singapore's dream come true?

These days I walk more often on underground walkways or bridges than streets.
"Isn't it good going underground? We don't need to get hot nor get in the car."
My dad said Singapore's dream is to 'unify the whole regions
to be connected to one another.'
I think of a giant Lego world connected with a single bridge.
My country has small land and no mountains,
but we use technology to make our dreams come true.
Every day, the news tells many stories of people who have done good deeds.
I have never seen anything bad while living in Singapore.
This is Singapore, where a city forest is standing straight,
and multicolored eyes are shining bright.

Glossary

Peranakan: Chinese people who migrated to the Malaysian peninsula long ago are called Peranakan. Peranakan constitutes the largest portion of the population.

Peranakan Katong House: This is an open house to tourists where Peranakan, a descendant of Malaysian and Chinese immigrants, used to live. It's a small museum with old ornaments and furniture.

Hawker Center: Singapore has hawker centers everywhere. 'Hawker' means a person who sold food on the streets. You can taste food like chicken rice, char kway teow, yong tau foo, ais kachang, satay and laksa.

Merlion: Merlion is an imaginary animal with a fish tail and a lion's head. It's the national symbol of Singapore. The Merlion statue in Sentosa is called 'Dad Merlion', and the Merlion in Raffles is called 'Baby Merlion'.

Singapore Flyer: It's the world's largest giant observation wheel at Marina Bay. It's 165m long. Taking the Singapore Flyer, you can enjoy its night view, relaxed for 30 minutes.

Little India: An area where those who came from India live. There are many Indian restaurants and traditional clothing shops.

Durian: Fruit grown in rainforests. Unlike its sweet taste, it is famous for its bad smell. You can't take Durian to Singaporean subways or hotels.

Monsoon: There is a 'Monsoon season' in Singapore. Between June and September are 'dry monsoons' with gusts occurring, while between October and November are 'rainy monsoons'. Sometimes rain falls and stops again and again for ten times a day. But the showers stop soon and the streets are dried up in intense sunlight.

Racial Harmony Day: In Singapore, we have a Racial Harmony Day event at school. Each student wears a traditional costume from their home country and shares traditional food. It is a precious time to learn the identity of a multi-ethnic nation.

Tutor: Singapore has a 'Tutor' culture. Instead of going to an academy, students are taught by their tutor, a private tutor. Singaporean parents who are education oriented hire tutors to teach their children the piano, ballet, swimming, mathematics and the second foreign language.

낱말 풀이

페라나칸: 오래전 말레이시아 반도로 이주했던 중국인을 '페라나칸'이라고 불러요. 페라나칸은 싱가포르 인구 중 가장 높은 비율을 차지하는 민족이에요.

페라나칸 카통 하우스: 말레이시아인과 중국인 이민자의 후손인 페라나칸이 살던 집을 관광객에게 공개한 곳이에요. 오래된 장신구와 가구를 구경할 수 있는 작은 박물관이죠.

호커 센터: 싱가포르에는 어디에나 호커 센터가 있어요. '호커'는 길에서 음식을 파는 상인을 뜻해요. 치킨라이스, 차퀘이테오, 용타푸, 아이스 카창, 사테, 락사 같은 음식을 맛볼 수 있어요.

머라이언: 머라이언은 사자 머리에 물고기 꼬리를 가진 상상 속 동물이에요. 싱가포르를 상징하는 동물이죠. 센토사에 있는 머라이언 동상은 '아빠 머라이언', 래플스에 있는 머라이언은 '아기 머라이언'이라고 불린답니다.

싱가포르 플라이어: 세계에서 가장 큰 관람차예요. 마리나베이에 가면 탈 수 있어요. 무려 165m나 되죠. 싱가포르 플라이어를 타면 30분 동안 천천히 야경을 내려다볼 수 있어요.

리틀 인디아: 인도에서 이주해온 사람들이 거주하는 지역으로, 인도 분위기가 물씬 풍기는 곳이에요. 인도 요리 음식점과 인도 전통 의상 가게가 모여 있어요.

두리안: 열대 우림 지역에서 재배되는 과일이에요. 달콤한 맛과 달리 고약한 냄새로 유명하죠. 싱가포르의 지하철이나 호텔에는 두리안을 가지고 갈 수 없어요.

몬순 기간: 싱가포르에는 '몬순 기간'이 있어요. 6월에서 9월 사이는 돌풍이 발생하는 '건조한 몬순 기간'이고, 10월과 11월은 비가 많이 오는 '우기'예요. 하루에 열 번씩 비가 내렸다 그치기도 해요. 하지만 소나기는 금방 그쳐서 강렬한 햇빛에 다시 거리가 말라 버려요.

레이셜 하모니 데이: 싱가포르의 학교에서는 '레이셜 하모니 데이' 행사가 열려요. 각자 출신 나라의 전통 의상을 입고, 전통 음식을 나누어 먹죠. 다민족 국가의 정체성을 배우는 소중한 시간이에요.

튜터: 싱가포르에는 '튜터' 문화가 있어요. 학생들은 학원에 가는 대신 개인 과외 선생님인 튜터의 지도를 받아요. 교육열이 높은 싱가포르 부모들은 피아노, 발레, 수영, 수학, 제2외국어 등을 가르치는 튜터 선생님을 고용해요.

What is Singapore like?

  Singapore is a city-state similar in size to Seoul, South Korea. It's a country that's summer all year round because it is located at the southern tip of the Malay Peninsula and is close to the equator. Although it is hot and humid for its tropical marine climate, most buildings and commercial facilities have air conditioners turned on all the time that makes you vulnerable to catch a cold.

  In Singapore, a good model for a multi-ethnic country, 74% of the Chinese, 13% of Malays, 9% of Indians and 4% of foreigners live together. So English, Chinese, Malay, and Tamil are all official languages. The name Singapore is an ancient Indian word, which means 'city of lions.' The national anthem or region name is in Malay. Every year, on National Day, the Prime Minister comes and delivers a speech in English, Malay and Chinese. Young people usually use Singlish with its distinct accent, but seniors are not good at English.

  Singapore lacks natural resources and imports goods from neighboring countries such as Malaysia, Hong Kong and China. However, it has grown by strengthening finance, tourism and foreign investment. Now it is one of the world's leading ports of trade. Many people in Singapore work for foreign tourists. The shopping district for tourists is well established and many foreigners visit Singapore every year for shopping.

  Sentosa and Bintan are close to the main island and are frequented by Singaporeans. Sentosa Island is a resort area full of things to see and do, such as Universal Studios, Oceanarium and Orchid Garden. Bintan Island is an island in the western Riau Islands of Indonesia. It takes about an hour by boat from Singapore. In this cultural key point, not only the cultural heritages of the Sultan and Buddhism, but also a Catholic Cathedral stand. You can enjoy fishing and water sports in the floating home 'Kelong'.

  The culture of strict regulations and rules is characteristic of Singapore. Hindu carnivals, Christian festivals, and Chinese holidays combine to show the culture of a multi-ethnic nation. The most famous foods are chicken rice and satay, which come from China and Malaysia respectively. 'The King of Fruits' durian is a symbol of Singapore.

싱가포르는 어떤 곳?

　싱가포르는 대한민국 서울과 비슷한 크기의 도시 국가입니다. 말레이반도 남쪽 끝에 붙어 있고, 적도와 가까워 일 년 내내 여름인 나라예요. 열대 해양성 기후에 속해 덥고 습한 날씨지만, 대부분의 건물과 상업 시설에서 에어컨을 세게 틀어 놓아 감기에 걸리기 쉽답니다.

　다민족 국가의 좋은 모델인 싱가포르에는 74%의 중국인, 13%의 말레이인, 9%의 인도인 그리고 4% 정도의 다른 외국인이 다 함께 살고 있어요. 그래서 영어, 중국어, 말레이어, 타밀어가 모두 공용어로 지정되어 있어요. 싱가포르라는 나라 이름은 인도 고어로 '사자의 도시'라는 뜻인데요, 애국가나 지역 이름은 단독 국어인 말레이어로 되어 있어요. 매년 건국 기념일인 '내셔널 데이'가 되면 총리가 나와 영어, 말레이어, 중국어로 연설을 한답니다. 젊은 사람은 특유의 억양이 있는 싱글리시를 주로 사용하지만, 나이가 많은 어르신은 영어를 잘하지 못해요.

　싱가포르는 자원이 부족해서 이웃 나라인 말레이시아, 홍콩, 중국 등지에서 물자를 수입해요. 그 대신 싱가포르는 금융업, 관광업과 외국인 투자를 강화하여 성장했어요. 지금은 세계적인 무역항으로 손꼽혀요. 싱가포르의 많은 국민은 외국인 관광객을 위해 일해요. 관광객을 위한 쇼핑 지구가 잘 마련되어 있어, 해마다 많은 외국인이 쇼핑하러 싱가포르를 방문해요.

　센토사섬과 빈탄섬은 본섬과 가까워 싱가포르인이 자주 찾는 섬이에요. 센토사섬은 유니버설 스튜디오, 해양 수족관, 난꽃 정원 등 볼거리와 즐길 거리가 넘치는 휴양시예요. 빈탄섬은 인도네시아 서부 리아우 제도에 있는 섬이에요. 싱가포르에서 배를 타고 1시간 정도 가면 도착해요. 술탄 왕국의 문화유산, 불교 문화유산뿐 아니라 천주교 가톨릭 성당까지 있는 문화의 요충지죠. 수상 가옥 '켈롱'에서 낚시와 해양 스포츠를 즐길 수 있어요.

　법이 엄격하여 규율과 규칙에 철저한 문화는 싱가포르만의 특징이에요. 힌두교 축제와 기독교 축제, 그리고 중국의 명절이 한데 섞인 모습은 다민족 국가만의 문화를 보여줘요. 가장 유명한 음식은 치킨라이스와 사테인데, 각각 중국과 말레이시아에서 유래된 음식이에요. '과일의 왕' 두리안은 싱가포르의 상징이랍니다.

싱가포르는 어디에?

– 싱가포르는 동남아시아 국가로, 말레이시아와 인도네시아 사이에 있어요!